FRAG MICH WAS

Christian Petry

Fußball

Illustriert von Andreas Piel
Mit vielen lustigen Zeichnungen
von Angelika Stubner

Der Umwelt zuliebe ist dieses Buch
auf chlorfrei gebleichtem Papier gedruckt.

ISBN 978-3-7855-6303-8
Überarbeitete Neuausgabe
1. Auflage 2008
© 1998, 2005, 2008 Loewe Verlag GmbH, Bindlach
Umschlagillustration: Hauke Kock
Innenillustrationen: Andreas Piel
Vignetten: Angelika Stubner
Umschlaggestaltung: Christian Keller
Printed in Italy (011)

www.loewe-verlag.de

Inhalt

Wo und wann genau Menschen zum ersten
Mal Fußball gespielt haben, lässt sich heute
nicht mehr sagen. Die ersten Nachrichten
über ein Spiel mit Ball und Fuß stammen
jedoch aus China. Vor etwa 3000 Jahren gab
es dort ein Ballspiel, das „Tsu Tschü" („Mit dem
Fuß stoßen") genannt wurde. „Tsu Tschü" gehörte
zur militärischen Ausbildung der Soldaten.

Diese chinesischen Schrift-
zeichen sind das Symbol
für Fußball.

Dieses Bild eines chine-
sischen Fußballspielers
entstand vor über 2000
Jahren. Zu dieser Zeit
war das „Tsu Tschü"
bereits zu einem belieb-
ten Volkssport gewor-
den. Über die Regeln
weiß man nur, dass es
ein Tor und einen Tor-
wart gegeben hat.

● Fußballähnliche Raufspiele waren vor rund 2500 Jahren auch in Griechenland bekannt. Ein beliebtes Spiel war die „Ballschlacht". Schon der Name lässt erahnen, dass es hierbei ziemlich ruppig zugegangen sein muss. Über den genauen Spielverlauf ist heute wenig bekannt. Sicher ist, dass die „Ballschlacht" zur Ausbildung der Soldaten gehörte und eher einem Ring- oder Boxkampf ähnelte.

Antike Abbildung eines griechischen Ballspielers vor rund 2500 Jahren

Fußballraufspiele als Soldatentraining waren auch im Römischen Reich beliebt. Ein bekanntes Spiel war „Harpastum", das ebenso wie die griechische „Ballschlacht" eine Mischung aus Ballspiel und Ringkampf war.

Wahrscheinlich sind die frühen Ballspiele noch am ehesten mit modernen „Raufspielen" wie American Football oder Rugby zu vergleichen, bei denen der Ball auch mit der Hand gespielt wird.

Fußballähnliche Spiele kannte man auch in der Ritterzeit. Sie wurden aber nicht von Rittern gespielt, sondern von Handwerkern und Bauern. Ziel des französischen „Soule" war es, einen mit Heu ausgestopften Lederball durch ein Stadttor zu spielen, das von der gegnerischen Mannschaft verteidigt wurde. Der Ball durfte auch mit den Händen gespielt werden.

Wie bei diesem englischen Spiel des 13. Jahrhunderts soll es auch beim „Soule" zugegangen sein. Die Spiele wurden wiederholt verboten, weil es häufig zu Streit und Verletzungen kam.

● Um 1500 kam in Italien der „Calcio" in Mode. Bei diesem Ballspiel ließen die Adeligen ihre Diener gegeneinander antreten. Dabei trugen die Spieler schon eine Art Trikot, denn sie spielten in den Dienstuniformen ihrer Herren. Im Vergleich zu den französischen und englischen Rauf-ballspielen ging es beim Calcio etwas friedlicher zu.

Calcio wurde meistens auf den Markt-plätzen der Städte gespielt. Das Spielfeld war von Zäunen einge-grenzt, und als Tor diente jeweils ein Zelt an den beiden Schmalseiten des Spielfeldes. Es gab schon einige Regeln und einen Schiedsrichter. Der Ball durfte mit den Füßen und der geballten Faust gespielt werden.

So ungefähr könnte ein damaliger **Calcio-Spieler** ausgesehen haben.

Fußball bei den Eskimos

Auch Eskimos kannten eine Art Fußballspiel. Das Spiel-feld war eine 300 bis 400 Meter lange Eisfläche, die am oberen und unteren Ende durch eine Linie be-grenzt wurde. Der Ball be-stand aus Rentier- oder Robbenleder und war mit trockenem Moos ausge-stopft. Es ging turbulent zu. Der Gegner durfte ge-schubst, festgehalten und zu Boden geworfen werden.

Schon um 1840 hatten in England Schüler einiger Privatschulen Ballspiele entwickelt, die dem heutigen Fußball ähnelten. 1863 gründete man die „Football Association" (F. A.), den ersten Fußballverband der Welt. Seither gab es Regeln, die z.B. das Tragen des Balles oder das Festhalten von Spielern verboten. Gegner dieser „zivilen" Spielweise gründeten den englischen Rugby-Verband.

Heute

Anno 1885

Diese **Fußballschuhe** der Marke „Cup-tie" waren um 1900 in England modern.

Heute entscheidet allein der **Schiedsrichter**, ob ein Regelverstoß begangen wurde oder nicht. Auf dem Spielfeld ist sein Wort Gesetz. Das war nicht immer so. Vor 1889 durfte er nur in das Spiel eingreifen, wenn sich die Mannschaftsführer bei ihm beschwerten.

Seit 1874 musste jeder Fußballspieler **Schienbeinschützer** tragen. Die hier abgebildeten langen Schienbeinschützer aus dem Jahr 1895 trug der Spieler über seinen Strümpfen.

● Der erste regelmäßige Fußballwettbewerb fand in England statt. 1871 ließ die F. A. zum ersten Mal den englischen Fußballpokal, den Challenge Cup, ausspielen. 1872 fand in Glasgow das erste Fußball-Länderspiel statt: England spielte gegen Schottland 0:0.

Das Länderspiel zwischen England und Schottland in einer zeitgenössischen Pressezeichnung

Spieler des schottischen Nationalteams

● Aus China stammen 2000 Jahre alte Berichte über Fußball spielende Damen. In England entstanden nach 1880 erste Frauenmannschaften. In Deutschland gibt es erst seit 1973 Damenfußballmeisterschaften.

Das erste Spiel des „British Lady Football Club" 1895

Ball von 1895

Alle Punkte, Linien und Felder eines Fußballfeldes haben eine besondere Bedeutung. Die Größe eines Spielfeldes kann unterschiedlich sein. Es darf eine Länge von 90 bis 120 Metern und eine Breite von 45 bis 90 Metern haben. Einige Maße erscheinen zunächst etwas willkürlich: Sie ergeben sich aus der Umrechnung der englischen Originallängen, die in Yards gemessen werden.

Strafraum

Er ist eines der wichtigsten „Gebiete" auf dem Spielfeld. Nur hier darf der Torhüter den Ball mit der Hand berühren. Die Spieler der verteidigenden Mannschaft müssen besonders aufpassen. Bei einem Foulspiel (Treten, Stoßen, Beinstellen, Halten, Handspiel) gibt es Strafstoß.

Fußballtor

Ein reguläres Fußballtor ist 7,32 Meter breit und 2,44 Meter hoch. Torpfosten und Querlatten dürfen höchstens 12 Zentimeter breit und tief sein. An den Pfosten, an der Querlatte und am Boden hinter dem Tor ist ein Netz befestigt. So lässt sich leicht erkennen, ob ein Ball im Tor gelandet ist.

Elfmeterpunkt

Von diesem Punkt aus darf bei einem Strafstoß ein Angreifer aufs Tor schießen. Mit Ausnahme des Schützen und des Torhüters müssen sich dabei alle anderen Spieler außerhalb des Strafraumes und des Strafraum-Halbkreises aufhalten.

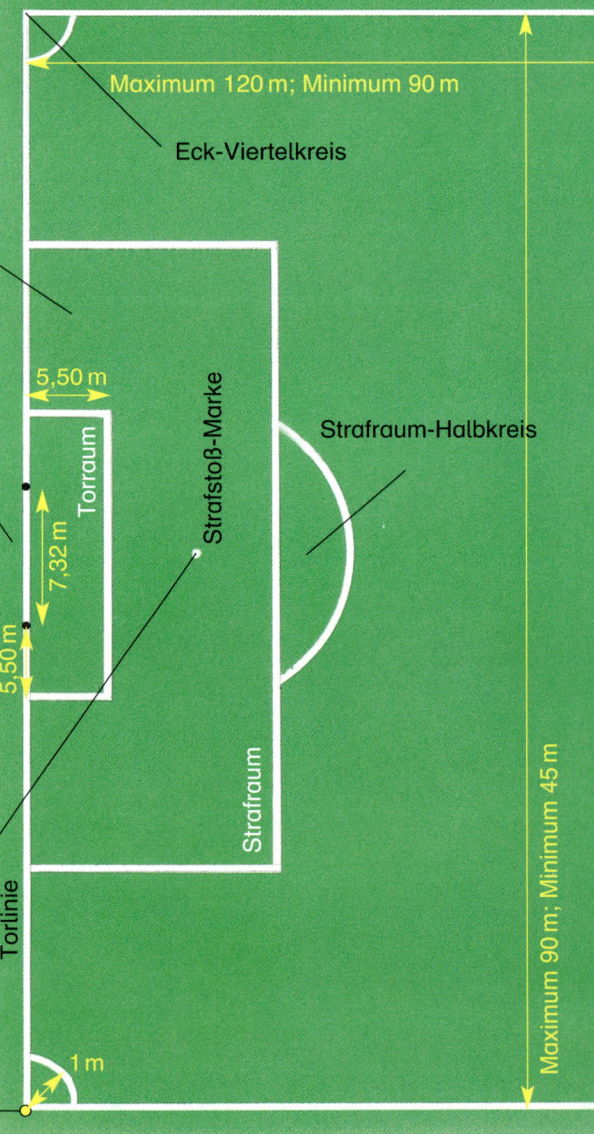

Maximum 120 m; Minimum 90 m

Eck-Viertelkreis

5,50 m

Torraum

7,32 m

5,50 m

Strafstoß-Marke

Strafraum-Halbkreis

Strafraum

Torlinie

1 m

Eckfahne

Maximum 90 m; Minimum 45 m

Anstoßkreis und Anstoßpunkt

Zu Beginn jeder Halbzeit und nach einem Tor wird ein Anstoß ausgeführt. Beim Anstoß müssen alle Spieler in ihrer Spielfeldhälfte sein. Die Spieler der gegnerischen Mannschaft bleiben außerhalb des Anstoßkreises.

Seitenlinie

Die Seitenlinie darf nicht breiter als zwölf Zentimeter sein. Überquert der Ball in der Luft oder am Boden die Seitenlinie, gibt es Einwurf. Einwerfen darf dann die Mannschaft, die den Ball vor dem Überschreiten der Seitenlinie nicht berührt hat.

Torauslinie

Wenn der Ball zuletzt von einem Abwehrspieler berührt wurde, bevor er die Torauslinie überschritten hat, darf die angreifende Mannschaft eine „Ecke" schießen. Dabei wird der Ball in den Viertelkreis der Eckfahne gelegt und wieder ins Feld geschossen.

Torlinie

Ein gültiges Tor ist nur dann erzielt worden, wenn der Ball die Torlinie am Boden oder in der Luft überschritten hat.

Torraum

Der Torraum ist eine „Schutzzone" für den Torhüter. Denn hier darf er nicht angegriffen werden.

16,50 m

9,15 m

9,15 m

11 m

11 m

16,50 m

Anstoßpunkt

Anstoßkreis

Mittellinie

Seitenlinie

Welche Aufgaben hat ein Schiedsrichter?

Der Schiedsrichter sorgt dafür, dass die Regeln eingehalten werden. Er allein entscheidet, ob z. B. ein Hand- oder Foulspiel begangen wurde oder ob ein Ball schon im Aus war. Das Schiedsrichteramt ist eine sehr schwere Aufgabe, denn der Schiedsrichter hat meistens nur wenige Sekunden Zeit, um die richtige Entscheidung zu treffen.

Zwei Schiedsrichter-Assistenten helfen dem Schiedsrichter bei seiner Arbeit. Für jede Spielfeldhälfte ist ein Assistent zuständig. Allerdings beobachten die Assistenten das Spiel nur vom Spielfeldrand aus. Wenn ein Schiedsrichter-Assistent seine Fahne hebt, signalisiert er, dass entweder ein Regelverstoß begangen wurde oder der Ball die Seitenlinie überschritten hat.

Fahne des Schiedsrichter-Assistenten

Ampelkarte

Bei der ersten Verwarnung erhält ein Spieler die gelbe, bei der zweiten die gelbe und danach die rote Karte. Der Spieler muss das Spielfeld ersatzlos verlassen und ist häufig für eines oder mehrere Spiele gesperrt.

Mit seiner **Trillerpfeife** unterbricht der Schiedsrichter das Spiel, wenn gegen eine Regel verstoßen wurde. Mit einem Pfiff werden auch Anfang und Ende des Spiels oder einer Halbzeit angezeigt.

● Ein Foulspiel außerhalb des Strafraums wird mit einem direkten Freistoß bestraft. Wurde das Foulspiel aber im Strafraum begangen, gibt es für die Mannschaft des gefoulten Spielers einen Elfmeter. Indirekte Freistöße werden meist bei weniger schweren Fouls gegeben.

Einen **indirekten Freistoß** erkennt man daran, dass der Schiedsrichter so lange einen Arm senkrecht in die Höhe hebt, bis ein zweiter Spieler den Ball berührt hat.

Sperren ohne Ball
Es gibt indirekten Freistoß.

● Bei einem schweren Foul kann der Schiedsrichter den Übeltäter mit der gelben Karte verwarnen. Wenn ein Spieler aber ein besonders schweres Foul begeht, kann er mit der roten Karte auch ohne vorherige Verwarnung vom Spiel ausgeschlossen werden. Die Mannschaft, deren Spieler gefoult wurde, erhält einen direkten Freistoß.

9,15 Meter Abstand

Beim **direkten Freistoß** darf der Ball nach dem Pfiff des Schiedsrichters sofort aufs Tor geschossen werden. Beim indirekten Freistoß erst, nachdem er von einem zweiten Spieler berührt wurde.

Gefährliches Spiel
Es gibt indirekten oder direkten Freistoß.

Die komplizierteste Fußballregel ist die Abseitsregel. Ein Spieler steht im Abseits, wenn er der gegnerischen Torlinie näher ist als der Ball und der vorletzte Abwehrspieler. Bestraft wird der Spieler, wenn er in dem Moment, in welchem der Ball von einem seiner Teamkollegen gespielt wird, aktiv am Spiel teilnimmt. Bei einem Abseits bekommt die verteidigende Mannschaft einen indirekten Freistoß.

Abseits

Im Moment der Ballabgabe steht nur noch ein Spieler der gegnerischen Mannschaft näher zum Tor als der Angreifer. Die Abseitsregel verhindert, dass sich die Angreifer ungestört vor dem gegnerischen Tor aufhalten können, bis sich eine Gelegenheit zum Torschuss ergibt.

Der Schiedsrichter-Assistent hält seine Fahne waagerecht und deutet mit ihr auf den Platz. Hier steht ein Spieler im Abseits.

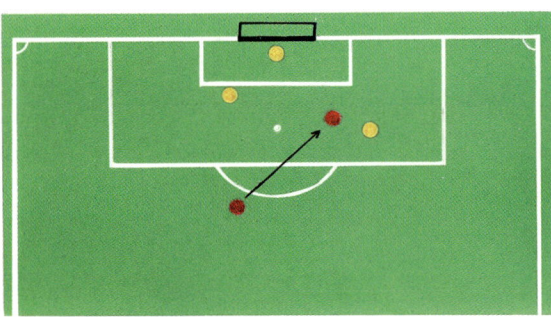

Kein Abseits

Bei der Ballabgabe stehen noch zwei Gegenspieler näher zum Tor als der angreifende Spieler.

● Um die Angriffe der Gegenmannschaft zu stören, eine kurze Verschnaufpause zu gewinnen oder einen Entlastungsangriff zu starten, benutzen vor allem defensiv spielende Mannschaften gern die Abseitsfalle. Die abwehrende Mannschaft versucht dabei, einen gegnerischen Angreifer, kurz bevor dieser angespielt wird, ins Abseits zu stellen.

So funktioniert eine Abseitsfalle:

1

Ein Abwehrspieler gibt das Zeichen für die Abseitsfalle.

Dieser Spieler steht jetzt im Abseits.

2

Die Spieler der verteidigenden Mannschaft laufen in Richtung Mittellinie, bis einer der Gegenspieler im Abseits steht. Die verteidigende Mannschaft erhält nun einen indirekten Freistoß.

Ob Tore schießen, vorbereiten oder verhindern: In einer Fußballmannschaft hat jeder Spieler eine ganz bestimmte Hauptaufgabe, die er auf der ihm zugeteilten Spielposition erfüllen muss. Darüber hinaus soll er seinen Mitspielern auf den anderen Spielpositionen so oft wie möglich helfen. Die Spieltaktik wird von der Stärke des Gegners oder vom Spielverlauf bestimmt.

Torhüter

Der Torhüter spielt auf der hintersten Position. Er ist meistens der letzte Spieler, der den Ball vor der Torlinie noch abfangen kann. Durch einen genauen Abstoß oder Abwurf im richtigen Moment kann der Torhüter aber auch einen gefährlichen Angriff seiner Mannschaft vorbereiten.

Mittelfeldspieler

Außenverteidiger

Innenverteidiger

Torhüter

Innenverteidiger

Abwehr

Die Abwehr besteht aus mehreren Verteidigern, oft aus einer Viererkette. Diese besteht aus zwei Innen- und zwei Außenverteidigern. Spielt die verteidigende Mannschaft auf „Manndeckung", muss der Außenverteidiger einen gegnerischen Stürmer bewachen. Bei der „Raumdeckung" ist der Abwehrspieler jeweils für eine ganz bestimmte Zone verantwortlich. Er hat sich dann um jeden Gegenspieler zu kümmern, der in diesen Bereich eindringt.

Stürmer

Die wichtigste Aufgabe der Stürmer ist das Toreschießen. Deshalb sind sie meist im gegnerischen Strafraum anzutreffen, um den Ball zu erkämpfen und aus kurzer Entfernung aufs Tor zu schießen.

Stürmer

Stürmer

Mittelfeldspieler

Mittelfeldspieler

Mittelfeldspieler

Außenverteidiger

Mittelfeldspieler

Das Mittelfeld stellt die Verbindung zwischen Abwehr und Angriff her. Ein guter Mittelfeldspieler ist sehr vielseitig. Je nach Situation spielt er mal vorne, mal hinten und übernimmt dabei Angriffs- und Abwehraufgaben. Er muss außerdem geschickt mit dem Ball umgehen und seine Mitspieler mit genauen Zuspielen versorgen können. Mittelfeldspieler sind oft auch gefährliche Torschützen, die selbst aus größerer Entfernung noch ins Schwarze treffen.

Spielen mit System

Eine Mannschaft, die sich zu Spielbeginn so wie auf dem Bild aufstellt, spielt nach dem 4-4-2-System. Sie spielt also mit vier Verteidigern, vier Mittelfeldspielern und zwei Stürmern. Mit diesem System errang die deutsche Nationalmannschaft 2006 den dritten Platz bei der Weltmeisterschaft.

Libero und Vorstopper

Wenn mit zwei Außenverteidigern gespielt wird, gibt es oft einen Libero und einen Vorstopper. Der Libero greift ein, wenn die anderen Abwehrspieler ausgetrickst werden, der Vorstopper bewacht den gegnerischen Mittelstürmer.

Das Dribbeln ist die wichtigste Methode, um den Ball im Laufen sicher zu kontrollieren. Beim Dribbeln wird der Ball mit kurzen, schnellen Tritten vorangetrieben. Dabei muss er jedoch möglichst dicht am Fuß bleiben und darf nicht zu weit weggestoßen werden. Bei einem guten Dribbelspieler sieht das so aus, als ob der Ball an der Schuhspitze festkleben würde.

1 Der Ball wird mit der Fußinnenseite gespielt.

2 Durch einen Stoß mit der Fußaußenseite wird der Ball wieder in die Laufrichtung gebracht.

Das Dribbling

Um geradeaus zu dribbeln, wird der Ball abwechselnd mit der Außen- und Innenseite des Fußes gestoßen.

So lässt sich das Dribbeln trainieren.

Die Hindernisse sollten etwa zwei Meter Abstand haben.

Enge Ballführung

Ein guter Dribbler führt den Ball „blind", sodass er Mit- und Gegenspieler immer im Auge behalten kann.

● Beim Dribbeln wird der ballführende Spieler meistens sehr schnell angegriffen. Ist ein sicheres Abspiel nicht mehr möglich, muss der Angreifer ausgetrickst werden. Ein Meister der Körpertäuschung war der englische Fußballer Sir Stanley Matthews, der noch im Alter von 50 Jahren seine Gegner schwindlig spielte. Sein „Matthews-Trick" ist in der Fußballwelt berühmt geworden.

„Matthews-Trick"

1 Der ballführende Spieler täuscht an, dass er nach rechts oder links laufen will.
2 Reagiert der Gegner auf die angedeutete Bewegung, **3** zieht der ballführende Spieler auf der anderen Seite vorbei.

● Der Zweikampf um den Ball wird häufig auch als „Tackling" bezeichnet. Hier geht es darum, den Gegner mit einem harten, aber nicht regelwidrigen Angriff vom Ball zu trennen. Besonders spektakulär ist das Gleittackling.

Gleittackling

Der Angreifer grätscht im Fallen zum Ball.

Der ballführende Spieler wird von der Seite aus angegriffen.

Je besser das Zusammenspiel einer Mannschaft funktioniert, desto leichter kann sie den Gegner ausspielen. Die größte Bedeutung für ein sicheres Kombinationsspiel hat der Innenseitstoß. Mit ihm lassen sich zwar keine wuchtigen, aber sehr genaue Pässe schlagen. Deshalb wird er vor allem gebraucht, um einen Mitspieler auf kurze Entfernung anzuspielen.

Kurzpass mit dem Innenseitstoß

1 Das Standbein ist nahe am Ball. Das Schussbein wird nach außen gedreht, sodass sich der Fuß im rechten Winkel zum Ball befindet.

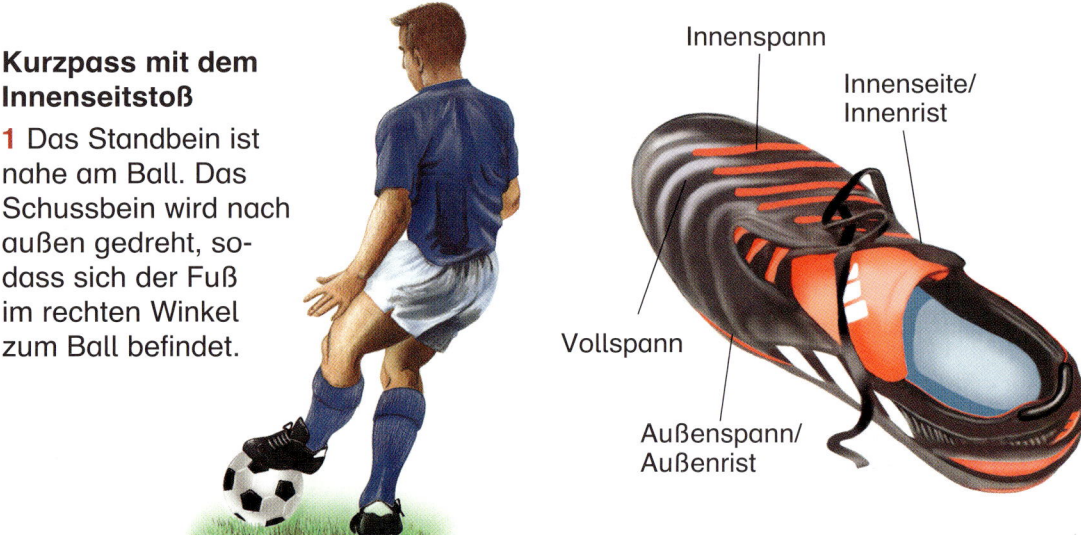

Innenspann

Innenseite/ Innenrist

Vollspann

Außenspann/ Außenrist

2 Mit der Fußinnenseite tritt der Schütze den Ball. Bei einem Flachpass muss dabei möglichst die Ballmitte getroffen werden.

3 Der Ball fliegt in die Schwungrichtung des Fußes.

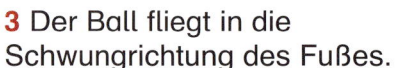

Einen Gegenspieler mit einem Dribbling auszuspielen, ist nie ganz ohne Risiko. Eine einfachere Methode, einen Gegner auszutricksen, ist der Doppelpass. Hierbei spielen zwei Stürmer einen Gegenspieler aus, indem sie den Ball mit Kurzpässen schnell hin- und herspielen.

Der „Hackentrick" oder auch Fersenstoß ist eine elegante Art, um einen Gegner auszutricksen. Er ist sinnvoll, wenn ein Abspiel nach vorn aussichtslos erscheint.

„Hackentrick"

1 Das Standbein ist parallel neben dem Ball. Der Fuß des Schussbeins wird über den Ball hinweg nach vorne geführt.

2 Mit der Ferse wird der Ball gegen die Laufrichtung nach hinten gekickt. Man muss dabei die Ballmitte treffen.

Für weite Abstöße oder scharf geschossene Freistöße muss eine andere Schusstechnik als der Innenseitstoß angewendet werden. Am häufigsten kommt
in diesen Fällen der Innenspannstoß zum Einsatz.
Mit ihm lassen sich bei Bedarf allerdings nicht nur
harte und hohe, sondern auch flache und kurze Bälle spielen.

Weitschuss mit dem Innenspannstoß

1 Der Schütze läuft schräg zur Schussrichtung
an und holt mit dem Schussbein weit aus. Das
Standbein wird seitlich hinter den Ball gesetzt.

Innenspann

3 Das Schussbein wird voll
durchgeschwungen,
sodass der Fuß dem Ball
hinterherzeigt.

2 Mit dem Innenspann wird
die Ballmitte getroffen.
Das Fußgelenk ist dabei
starr! Der Körper bleibt
während des Schusses
leicht in Rückenlage.

● Von Torhütern besonders gefürchtet sind Schüsse, die mit dem Vollspann aufs Tor geknallt werden. Denn durch einen gut getretenen Vollspannstoß bekommt der Ball eine sehr große Wucht.

Vollspann

Vollspannstoß

1 Der Schütze läuft in Schussrichtung an. Das Standbein wird neben den Ball gesetzt.

2 Fuß und Schienbein des Schussbeins bilden eine Linie.

3 Das Schussbein wird kräftig durchgezogen. Der Körper muss dabei über den Ball gebeugt sein, damit der Schuss nicht in die Wolken geht.

● Zu den raffiniertesten Schüssen im Fußball gehören die Bälle, deren Flugbahn nicht geradlinig, sondern kurvenförmig verläuft („Effetball"). Ein geschickter Schütze kann so den Ball um eine Abwehrmauer oder einen Gegenspieler herumspielen. Eine dafür oft verwendete Schusstechnik ist der Außenspannstoß.

Schuss mit dem Außenspann

1 Der Schütze läuft in Schussrichtung an. Das Standbein wird neben den Ball gestellt.

2 Der Schussfuß wird nach unten gedrückt und dabei leicht zum Standbein hingedreht.

3 Der Außenrist schrammt an der Ballaußenseite entlang. Der Ball wird „angeschnitten" und dadurch in Drehung versetzt.

Ablauf beim Effetball

Außenspann

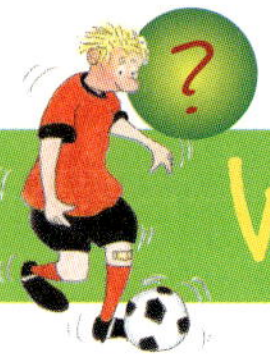

Was ist wichtig bei der Ballannahme?

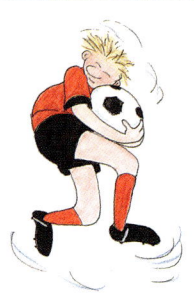

Eine sichere Ballannahme ist ebenso wichtig wie ein genaues Zuspiel. Vom Prinzip her ist die Ballannahme ein „umgekehrter“ Schuss: Beim Schießen wird der Fuß zum Ball hinbewegt. Um jedoch einen Ball zu stoppen, zieht der Spieler den Fuß bei der Ballberührung leicht zurück und federt dadurch die Wucht des Schusses ab.

Bei halbhohen Zuspielen wird das Spielbein hochgezogen und angewinkelt, sodass die Fußinnenseite in Schussrichtung zeigt. Bei der Ballberührung zieht der Spieler dann den Fuß leicht zurück, um die Wucht aus dem Schuss zu nehmen.

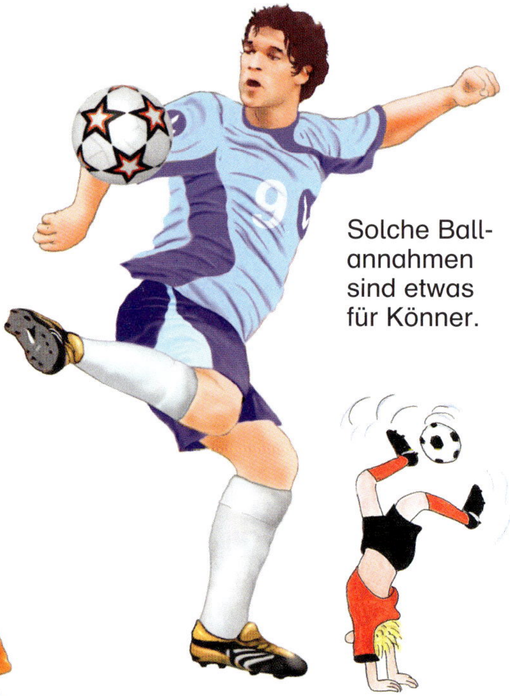

Solche Ballannahmen sind etwas für Könner.

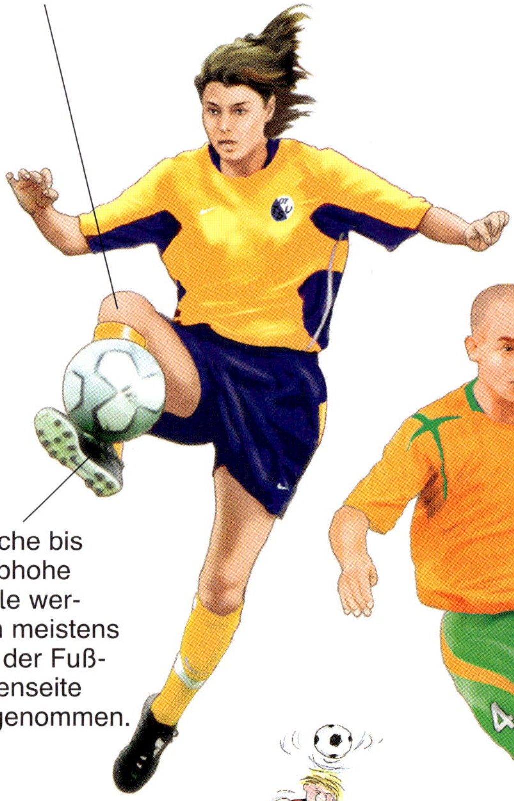

Flache bis halbhohe Bälle werden meistens mit der Fußinnenseite angenommen.

Auch mit der Fußsohle können flache bis halbhohe Bälle sicher zum Stillstand gebracht werden.

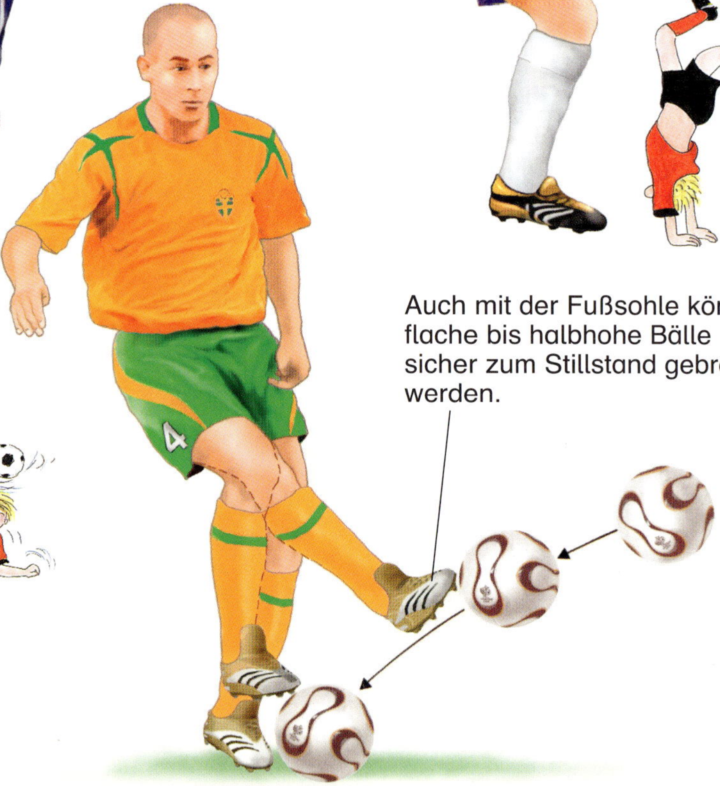

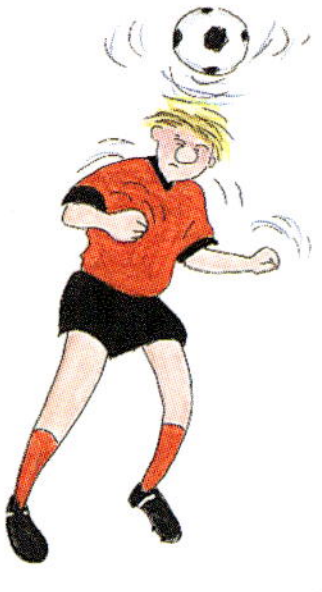

● Eine praktische Methode, um hohe Bälle zu stoppen, ist die Ballannahme mit der Brust. Diese Stopptechnik ist allerdings nicht ganz einfach.

Ballannahme mit der Brust

1 Der Spieler stellt sich in die Flugbahn des Balles. Die Arme sind seitlich vom Körper weggestreckt, um das Gleichgewicht besser zu halten. Der Brustkorb wird dem Ball entgegengestreckt.

2 Bei der Ballannahme zieht der Spieler die Brust ein. Die Wucht des Schusses wird so abgefedert, und der Ball fällt senkrecht zu Boden.

Ballannahme mit dem Kopf

Die Ballannahme mit dem Kopf ist sehr schwierig. Man geht mit der Stirn nach vorn, federt bei Ballberührung zurück und lässt das Leder abprallen.

● Für einen Fußstopp kommt dieser Ball zu hoch, für eine Annahme mit der Brust zu flach: In diesen Fällen benutzen viele Spieler ihre Oberschenkel, um das Leder unter Kontrolle zu bringen.

Ballannahme mit dem Oberschenkel

Die leicht ausgestreckten Arme sorgen für das Gleichgewicht.

Bei der Ballannahme ist der Körper etwas zurückgelehnt.

Flugkurve des Balles

Bei der Ballberührung zieht der Spieler den Oberschenkel leicht zurück, um die Wucht des Schusses zu entschärfen.

Natürlich lässt sich darüber streiten, auf welcher Spielposition es ein Fußballer am schwersten hat. Fest steht aber, dass der Torhüter nicht gerade eine leichte Aufgabe hat. Oft ist er der letzte Spieler, der die Patzer seiner Vorderleute noch ausbügeln kann. Macht er Fehler, gibt es meist niemanden mehr, der sie wieder gutmacht.

So werden hohe Bälle sicher gefangen: Daumen und Zeigefinger der beiden Hände bilden vor dem Ball ein Dreieck.

Ein Torhüter muss seine Abwehr dirigieren.

Um hohe Schüsse unschädlich zu machen, wird der Torhüter häufig zum „Flieger". Dabei kommt es nicht nur auf die Sprungkraft, sondern vor allem auf die Handstellung beim Fangen an.

Besonders scharfe und platzierte Schüsse, die nicht mehr sicher zu fangen sind, werden mit der Hand um den Pfosten oder über die Latte gelenkt.

● Aus der Sicht der Zuschauer sehen Flachschüsse oft harmloser aus, als sie für den Torhüter eigentlich sind. Tatsächlich sind scharfe Flachschüsse meistens viel schwerer zu fangen als die hohen Bälle, die spektakulär aus der Luft gefischt werden. Nicht gefangen werden dürfen Rückpässe der eigenen Mitspieler.

Fangtechnik beim Flachschuss

1 Der Körper wird hinter den Ball gebracht. Der Torhüter geht in die Hocke, wobei ein Knie den Boden berührt.

2 Der gefangene Ball wird sofort an die Brust gepresst und mit den Handflächen und Armen umschlossen.

3 Wenn der Torhüter den Ball sicher unter Kontrolle hat, muss er beobachten, wie er den Ball am besten wieder ins Spiel bringt.

● Der Torhüter löst sich von der Torlinie und läuft dem Gegner entgegen. Dem Stürmer bleibt dann weniger Platz, um den Ball am Torwart vorbeizuschießen.

2 Der Torhüter läuft rechtzeitig aus dem Tor. Der Gegner hat nun viel weniger Platz, um den Ball rechts oder links am Torhüter vorbeizuschießen.

1 Der Torhüter entscheidet sich, den Ball auf der Linie abzuwehren. Rechts und links von ihm bleibt dabei aber viel Platz für den Torschuss des gegnerischen Stürmers.

Das alles entscheidende „Handwerkszeug" eines Fußballspielers sind natürlich die Fußballschuhe. Wichtig ist, dass sie Fuß und Knöchel ausreichend Halt geben. Die anderen Ausrüstungsgegenstände wie Trainingsanzug, Trikot und Sporthose sollten ebenso wie die Schuhe optimal passen und der jeweiligen Temperatur angepasst sein.

Die leichten **Schienbeinschützer** aus Kunststoff werden unter den Stutzen (Strümpfen) getragen. Sie schützen den empfindlichen Schienbeinknochen vor Prellungen und Schnittwunden.

Die **Schuhe** gehören zum wichtigsten Teil der Ausrüstung. Je weicher das Leder, umso besser ist das Ballgefühl.

Flache **Gummistollen** für harte Böden (z. B. im Winter)

Nylonstollen für einen weichen, aber festen Untergrund

Die **Stollen** an einem Fußballschuh sorgen für besseren Halt auf dem Spielfeld. Mit Schraubstollen kann sich der Spieler sogar auf unterschiedliche Platzverhältnisse einstellen.

Aluminiumstollen für einen „tiefen" und rutschigen Untergrund

● Im Großen und Ganzen ist bei der Auswahl einer Torhüterausrüstung das Gleiche zu beachten wie bei einer Feldspielerausrüstung. Allerdings gibt es für einen Torhüter noch einige zusätzliche Ausrüstungsstücke, die ihm bei seiner speziellen Aufgabe sehr von Nutzen sind.

Mit Handschuhen kann ein Torhüter die Bälle viel besser fangen und festhalten.

Pullover mit Schulter- und Ellenbogenpolstern schützen vor Verletzungen.

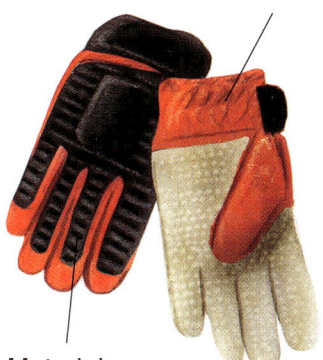

Material aus dehnbarem Latex

Das Torhütertrikot muss eine andere Farbe haben als das seiner Mitspieler.

● Ein für Wettkämpfe zugelassener Ball hat einen Umfang von 68 bis 70 Zentimetern und darf zwischen 410 und 450 Gramm schwer sein.

Das Zeichen des internationalen Fußballverbandes (FIFA) bestätigt, dass ein Ball von der FIFA getestet wurde und die nötigen Ansprüche erfüllt. Bälle ohne dieses Zeichen sind für offizielle Wettbewerbe nicht zugelassen.

Liegt im Winter Schnee auf dem Spielfeld, werden auch rote Bälle verwendet, weil sie besser zu erkennen sind.

Was sind Standardsituationen?

Landet ein Ball im Aus oder unterbricht der Schiedsrichter das Spiel, wird der Ball durch einen Einwurf, Freistoß oder Eckstoß wieder freigegeben. Es ist äußerst wichtig, diese Standardsituationen optimal auszunutzen. Denn sie haben den Vorteil, dass der Ball ungehindert direkt vor das gegnerische Tor gespielt werden kann.

Beim Kopfball wird der Ball genau mit der Stirnmitte getroffen. Die Stelle, an der die Stirn das Leder trifft, entscheidet über die Flugrichtung.

Im modernen Fußball entstehen immer öfter Tore aus Standardsituationen. Hoch getretene Eckbälle z. B. bieten sprungstarken Spielern eine gute Gelegenheit, per Kopfball ein Tor zu schießen.

● Der Einwurf gehört neben dem indirekten Freistoß zu den Standardsituationen, die nicht direkt in ein Tor verwandelt werden dürfen. Tore vorbereiten lassen sich mit ihm in gegnerischer Strafraumnähe aber sehr wohl.

Korrekter Einwurf

Der einwerfende Spieler steht hinter oder auf der Seitenlinie.

Erst jetzt darf der Werfer die Seitenlinie wieder übertreten.

Mit gestrecktem Oberkörper führt der Spieler den Ball beidhändig nach hinten in Nackenhöhe.

Mit beiden Händen muss der Ball einem Mitspieler zugeworfen werden.

● Um dem Gegner die Schussbahn zu versperren, wird eine Abwehrmauer gebildet. Durch Heber oder „Kurvenschüsse" befördern erfahrene Freistoßexperten den Ball aber nicht selten direkt an der Mauer vorbei ins Tor.

Auch so lässt sich die gegnerische Abwehrmauer austricksen:

2 Der Freistoßschütze schießt direkt auf den Mitspieler in der Mauer. Dieser duckt sich im letzten Moment, sodass der Ball durch die so entstandene Lücke aufs Tor fliegt.

1 Ein Spieler der angreifenden Mannschaft stellt sich in die Abwehrmauer des Gegners.

Die wichtigsten nationalen Fußballwettbewerbe sind die Meisterschaft und der Pokalwettbewerb des Deutschen Fußballbundes (DFB). Der Meister wird in der Ersten Bundesliga ermittelt. Hier kämpfen 18 Mannschaften um den Meistertitel. Am DFB-Pokal nehmen sehr viel mehr Mannschaften teil. Deshalb wird nach dem K.-o.-System gespielt, bei dem eine Mannschaft nach einer Niederlage sofort ausscheidet.

Die deutschen Meister seit Einführung der Bundesliga

Meisterschale

1. FC Köln:
1964, 1978

SV Werder Bremen:
1965, 1988, 1993, 2004

TSV 1860 München:
1966

1. FC Nürnberg:
1968

Hamburger SV:
1979, 1982, 1983

1. FC Kaiserslautern:
1991, 1998

VfB Stuttgart:
1984, 1992, 2007

Borussia Dortmund:
1995, 1996, 2002

Borussia Mönchengladbach:
1970, 1971, 1975, 1976, 1977

Eintracht Braunschweig:
1967

FC Bayern München:
1969, 1972, 1973, 1974, 1980, 1981, 1985, 1986, 1987, 1989, 1990, 1994, 1997, 1999, 2000, 2001, 2003, 2005, 2006

● Bundesligaspieler werden für ihre Leistungen bezahlt. Sie sind Profis. Beim DFB-Pokal aber machen auch Mannschaften mit, in denen Freizeit-fußballer – also Amateure – spielen. Im Prinzip können in den ersten Pokalrunden alle Vereine teilnehmen. Von diesen qualifizieren sich dann einige für die erste Hauptrunde mit den Profiklubs.

DFB-Pokal

Der DFB-Pokal ist errungen.
Jetzt darf ausgiebig gefeiert werden!

Die deutschen Pokalsieger seit Einführung der Bundesliga

- *TSV 1860 München:* 1964
- *Borussia Dortmund:* 1965, 1989
- *FC Bayern München:* 1966, 1967, 1969, 1971, 1982, 1984, 1986, 1998, 2000, 2003, 2005, 2006
- *1. FC Köln:* 1968, 1977, 1978, 1983
- *Kickers Offenbach:* 1970
- *FC Schalke 04:* 1972, 2001, 2002
- *Borussia Mönchengladbach:* 1973, 1995
- *Eintracht Frankfurt:* 1974, 1975, 1981, 1988
- *Hamburger SV:* 1976, 1987
- *Fortuna Düsseldorf:* 1979, 1980
- *Bayer 05 Uerdingen:* 1985
- *1. FC Kaiserslautern:* 1990, 1996
- *SV Werder Bremen:* 1991, 1994, 1999, 2004
- *Hannover 96:* 1992
- *Bayer 04 Leverkusen:* 1993
- *VfB Stuttgart:* 1997
- *1. FC Nürnberg:* 2007

Internationale Fußballwettbewerbe gibt es für Nationalmannschaften und Vereinsmannschaften. Als wichtigste
Ereignisse gelten bei den meisten Fußballfans die
Fußballweltmeisterschaften und Europameisterschaf-
ten. Diese Wettbewerbe für Nationalmannschaften finden
nur alle vier Jahre statt und werden jeweils in einem
anderen Land ausgetragen.

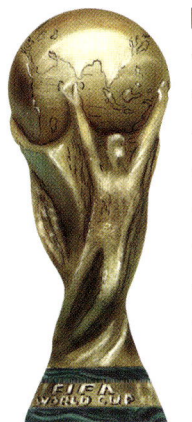

WM-Pokal

Die Weltmeister seit 1930

1930	Uruguay
1934	Italien
1938	Italien
1950	Uruguay
1954	Deutschland
1958	Brasilien
1962	Brasilien
1966	England
1970	Brasilien
1974	Deutschland
1978	Argentinien
1982	Italien
1986	Argentinien
1990	Deutschland
1994	Brasilien
1998	Frankreich
2002	Brasilien
2006	Italien

**Pokal der
Europameister**

Die Europameister seit 1960

1960	UdSSR
1964	Spanien
1968	Italien
1972	Deutschland
1976	Tschecho-slowakei
1980	Deutschland
1984	Frankreich
1988	Niederlande
1992	Dänemark
1996	Deutschland
2000	Frankreich
2004	Griechenland

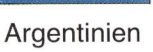

| Argentinien | Brasilien | Deutschland | Dänemark | England | Frankreich |

| Italien | Niederlande | Spanien | Tschecho-slowakei (*) | UdSSR (*) | Uruguay |

(✶) Damals noch „Tschechoslowakei" und „UdSSR".

● In der Champions League spielen die Meister der europäischen Länder, und am UEFA-Cup nehmen die bestplatzierten Vereine der einzelnen europäischen Ligen teil. Beim UEFA-Cup wird nach dem K.-o.-System gespielt. Anders bei der Champions League: Hier werden in Spielgruppen die besten Mannschaften ausgespielt, die dann weiter im K.-o.-System um den Titel spielen.

Deutsche Mannschaften, die die **Champions League** gewannen:

 FC Bayern München: 1974, 1975, 1976, 2001

 Hamburger SV: 1983

 Borussia Dortmund: 1997

Champions-League-Pokal

Die Gewinner **der Frauen-Weltmeisterschaften** (1991 eingeführt):

 **Vereinigte Staaten von Amerika:** 1991

 **Norwegen:** 1995

 **Vereinigte Staaten von Amerika:** 1999

 **Deutschland:** 2003

 **Deutschland:** 2007

Pokal der Weltmeisterschaft im Frauenfußball

Deutsche Mannschaften, die den **UEFA-Pokal** gewannen:

 Borussia Mönchengladbach: 1975, 1979

 Eintracht Frankfurt: 1980

 Bayer Leverkusen: 1988

 FC Bayern München: 1996

 Schalke 04: 1997

UEFA-Pokal

Zu den Bildern auf dieser Seite wird dir jeweils eine Frage gestellt. Wenn dir die Antwort nicht einfällt, dann suche im Buch einfach die abgebildete Illustration.

Wie schwer ist ein Fußball?

Wessen „Trikot" trug dieser Spieler?

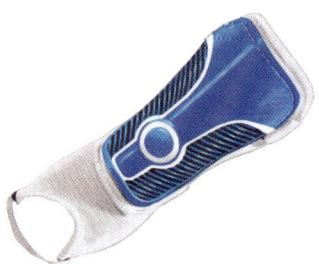

Wozu dient dieser Gegenstand?

Für welches Land spielte er?

Wie nennt man einen solchen Angriff?

● In der Champions League spielen die Meister der europäischen Länder, und am UEFA-Cup nehmen die bestplatzierten Vereine der einzelnen europäischen Ligen teil. Beim UEFA-Cup wird nach dem K.-o.-System gespielt. Anders bei der Champions League: Hier werden in Spielgruppen die besten Mannschaften ausgespielt, die dann weiter im K.-o.-System um den Titel spielen.

Deutsche Mannschaften, die die **Champions League** gewannen:

 FC Bayern München:
1974, 1975, 1976, 2001

 Hamburger SV:
1983

 Borussia Dortmund:
1997

Champions-League-Pokal

Die Gewinner **der Frauen-Weltmeisterschaften** (1991 eingeführt):

 **Vereinigte Staaten von Amerika:** 1991

 **Deutschland:** 2007

 **Norwegen:** 1995

 **Vereinigte Staaten von Amerika:** 1999

 **Deutschland:** 2003

Pokal der Weltmeisterschaft im Frauenfußball

Deutsche Mannschaften, die den **UEFA-Pokal** gewannen:

 Borussia Mönchengladbach: 1975, 1979

 FC Bayern München: 1996

 Eintracht Frankfurt: 1980

 **Schalke 04:** 1997

 Bayer Leverkusen: 1988

UEFA-Pokal

Diese Frage ist natürlich nicht leicht zu beantworten. Die hier vorgestellten vier Spieler jedoch werden noch heute von vielen Fußballfans als überragende Ausnahmespieler verehrt und gehören mit Sicherheit zu den berühmtesten Fußballern aller Zeiten.

Franz Beckenbauer

Die elegante Spielweise war das Markenzeichen Franz Beckenbauers, man gab ihm den Spitznamen „Kaiser Franz". 103-mal spielte der „Kaiser" für die deutsche Nationalmannschaft, mit der er 1972 die Europameisterschaft und 1974 die Weltmeisterschaft gewann. Mit dem FC Bayern München wurde er viermal deutscher Meister und errang dreimal den Europapokal der Landesmeister (der heutige Champions-League-Pokal). Seine aktive Fußballerlaufbahn beendete er im Alter von fast 37 Jahren 1982 beim Hamburger SV, mit dem er seine fünfte deutsche Meisterschaft gewann. 1984 wurde er Teamchef der deutschen Nationalmannschaft und führte sie 1990 zum Weltmeistertitel.
Seit einigen Jahren ist Franz Beckenbauer Vizepräsident des Deutschen Fußballbundes (DFB). Er war Leiter des Organisationskomitees der Fußball-Weltmeisterschaft 2006.

Beckenbauer

Diego Armando Maradona

Diego Armando Maradona, 1960 in Argentinien geboren, war bereits mit 16 Jahren Profifußballer. 1986 wurde er Kapitän der argentinischen Nationalmannschaft, mit der er im selben Jahr Weltmeister und 1990 Vizeweltmeister wurde. Sein legendäres Tor, das er bei der WM 1986 nach einem Dribbling über das halbe Spielfeld gegen England schoss, wurde von der FIFA zum „WM-Tor des Jahrhunderts" erklärt. Beim WM-Viertelfinale in Mexiko erzielte Maradona ein Tor mit der Hand und behauptete später, es sei die „Hand Gottes" gewesen.

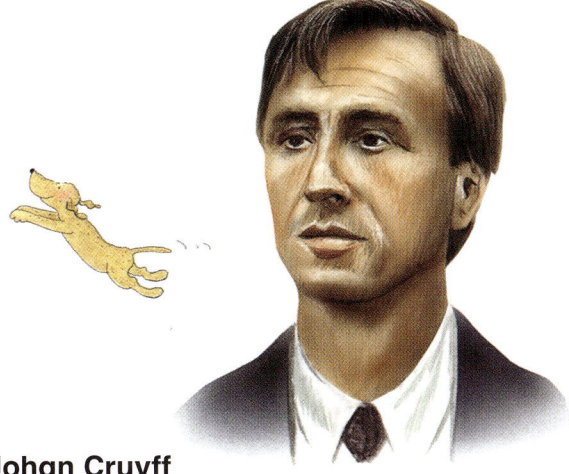

Pele

Pele gilt als einer der besten Fußballspieler aller Zeiten. Er spielte bereits mit 16 Jahren in der brasilianischen National-mannschaft. Zwischen 1958 und 1970 nahm er an vier Weltmeisterschaften teil und konnte diesen Titel dreimal gewinnen. In 1364 Spielen schoss er über 1200 Tore.

Johan Cruyff

Johan Cruyff, geboren am 25.4.1947, gilt als Hollands genialster Fußballer. In der niederländischen Nationalmannschaft schoss er in 48 Spielen 33 Tore. Mit Ajax Amsterdam wurde er achtmal holländischer Meister und gewann zwischen 1971 und 1973 dreimal den Europapokal der Landesmeister. Nach Stationen in Spanien, Amerika und Italien kehrte er wieder nach Holland zurück, wo er in seiner letzten Saison als Spieler 1983/84 mit Feyenoord Rotterdam noch einmal holländischer Meister wurde.

Zu den Bildern auf dieser Seite wird dir jeweils eine Frage gestellt. Wenn dir die Antwort nicht einfällt, dann suche im Buch einfach die abgebildete Illustration.

Wie schwer ist ein Fußball?

Wessen „Trikot" trug dieser Spieler?

Wozu dient dieser Gegenstand?

Für welches Land spielte er?

Wie nennt man einen solchen Angriff?

Wer erhält diese Schale?

Was ist beim Dribbeln
wichtig?

Welchen Regelverstoß zeigt
der Linienrichter an?

Welcher Pokal ist das?

Wie heißt
diese Stopptechnik?

Register

FRAG MICH WAS!

Steinzeit

Altes Ägypten

Sonne, Mond und Sterne

Unter der Erde

Ritter

Feuerwehr

Pferde

Lastwagen

Weitere Titel der Reihe:

- Dinosaurier
- Eisenbahn
- Wilde Tiere
- Hunde
- Schiffe

- Polizei
- Indianer
- Piraten
- Die Erde
- Mein Körper

- Vulkane
- Flugzeuge
- Autos
- Wale und Delfine